ANE.

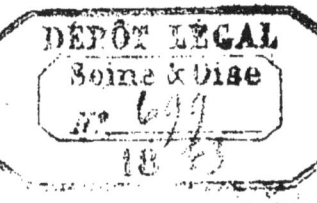

Cet animal, quoiqu'il n'ait pas les qualités du cheval, est d'une grande utilité dans les campagnes. Compagnon assidu du villageois pauvre, il partage ses travaux, porte des fardeaux assez considérables, sert au moulin, traîne une petite charrette, etc. Peu délicat sur la nourriture, il mange indifféremment de tout; il est lent, indocile, têtu, mais patient et laborieux.

B BUBALE (LE);

Cet animal, qui tient, par sa conformation, du cerf et du bœuf sauvage, appartient à tout le nord de l'Afrique, et surtout au désert. Il marche en troupe, et se défend avec fureur contre ceux qui l'attaquent. Sa nourriture se compose de substances végétales. Ses petits s'apprivoisent facilement, et paissent avec les troupeaux de bœufs.

CHAMEAU.

Le Chameau, originaire d'Arabie, se trouve en Afrique et en Asie. Sa longueur moyenne est de dix pieds sur six de hauteur. Ses principaux caractères distinctifs sont d'avoir au milieu du dos une bosse charnue et cinq estomacs. Il rumine comme le bœuf. Vigoureux et sobre, il rend autant de services que le cheval, le bœuf et l'âne réunis. Sans lui, il eût été impossible à l'homme de traverser les immenses solitudes de l'Asie et les sables brûlants de l'Afrique. Il porte depuis mille jusqu'à douze cents livres pesant, fait douze lieues par jour, et fléchit le genou pour recevoir sa charge. Il peut passer huit ou dix jours sans boire ni manger.

DAIM.

Cet animal, plus petit que le cerf, auquel il est assez ressemblant, porte aussi comme lui un bois ou des cornes.

Les Daims vont par troupes comme les cerfs. Ils ont à leur tête un chef, qui marche le premier et qui détermine tous leurs mouvements. Les cerfs et les daims ne se recherchent que pour se battre, et ils s'attaquent pour ainsi dire en ordre de bataille. Les vaincus sont obligés de prendre la fuite.

La chair de cet animal est un régal pour les chasseurs.

Sa peau est très-estimée; on en fait des culottes et des gants.

ÉLÉPHANT.

Le plus gros de tous les quadrupèdes connus, généralement répandu dans toutes les contrées méridionales de l'Afrique. Son nez, qu'on appelle trompe, est assez long pour toucher à terre, lui sert à faire tout ce qu'on fait avec la main, et pour porter les aliments à sa bouche. Pour boire il s'en sert comme d'une pompe. Ce sont ses dents que les artistes emploient sous le nom d'ivoire. Sa force est prodigieuse; il porte sur son dos une tour armée en guerre; avec sa trompe il arrache des arbres. Quoique très-lourd, il est très-agile, et fait vingt lieues par jour. Il mange considérablement. Sa nourriture se compose d'herbes, de feuillages, de graines et de jeunes pousses d'arbres. On l'apprivoise facilement; il est doux et très-intelligent.

FOUINE.

Cet animal est de la grandeur du chat : il a la tête

petite, le corps allongé, les jambes très-courtes, une queue presque de la longueur de son corps, bien touffue, et dont le poil a deux pouces de longueur; sa gorge est blanche.

La Fouine dont l'espèce est généralement répandue, s'approche des habitations, s'établit même dans les vieux bâtiments, dans les greniers à foin, dans les trous de muraille, se glisse aussi dans les colombiers et les poulaillers, mange les œufs, les pigeons et les poulets; elle prend aussi les souris, les rats, les taupes et les oiseaux dans leurs nids. Cet animal ne vit guère que huit à dix ans. Ainsi que la martre, il rend des excréments d'une odeur de musc. Sa fourrure, quoique moins estimée que celle de la martre, est cependant recherchée dans le commerce.

G GAZELLE.

Joli quadrupède à pied fourchu, d'une taille fine, bien prise, et des plus légers à la course, qui se trouve communément en Afrique; en Asie et aux Indes-Orientales.

Cet animal vit en société, et rumine.

La Gazelle des Indes, celle qui donne le bézoard, est de la grandeur de la chèvre domestique.

On va à la chasse de ces animaux avec une gazelle mâle et apprivoisée, qu'on mène dans les lieux où il y a des gazelles sauvages, et on parvient s'en saisir par adresse.

Cet animal est précieux

pour le musc, dont il se fait un assez grand débit dans le commerce.

H HÉRISSON.

Animal innocent et paisible, dont le corps est hérissé de pointes qui lui servent de défense contre ses ennemis On n'en voit point dans les pays froids. Il se nourrit de vers et d'autres insectes. Il se tient au pied des arbres, dans la mousse ou sous des monceaux de pierres. On ne le rencontre pas de tout le jour, mais il marche la nuit. Il reste engourdi pendant l'hiver.

ISATIS.

Il y en a de deux couleurs, des blancs, et des blancs-cendrés.

L'Isatis ressemble au renard, par la forme du corps et par la longuer de la queue; mais par la tête il ressemble au chien.

La voix de l'Isatis tient de l'aboiement du chien et du renard.

Cet animal vit de rats, de lièvres et d'oiseaux, et il a autant de finesse que le re-

JARDINIER.

Le Jardinier, proprement dit, est celui qui cultive les plantes qu'on a réunies dans un jardin ou dans un enclos. Son travail s'étend aux arbres, aux fleurs et aux plantes potagères.

Ceux qui s'attachent à la culture des légumes sont nommés maragers ou maraîchers ; ceux qui s'adonnent à celle des fleurs se nomment jardiniers fleuristes ; ceux qui embrassent la culture et l'entretien des arbres sont appelés jardiniers marchands d'arbres, enfin les jardiniers planteurs s'occupent uniquement de la culture des forêts.

Les travaux d'un jardinier sont continuels dans chaque mois de l'année; ils se succèdent et sont presque toujours les mêmes. L'hiver est employé à retourner les terres usées, à les améliorer, à faire des treillages, des caisses et autres ouvrages.

LUTHIER.

Celui qui fait tous les instruments de musique qu'on joue avec l'archet, comme violons, violoncelles, basses, contre-basses, etc. Il fait aussi les instruments qu'on pince avec les doigts, comme le luth, le théorbe, la harpe, la guitare, la mandoline, la vielle, etc.

Un luthier doit avoir un certain talent pour faire ou arranger l'instrument, et il n'y a que l'expérience qui puisse le mettre à même de bien choisir et préparer les bois et autres matières qui doivent former son instrument ; il est même nécessaire qu'il soit un peu musicien.

MAÇON.

Manouvrier ou compagnon en maçonnerie, qui travaille à la tâche ou à la toise, mais le plus souvent à la journée, à la construction des maisons ou des édifices.

Les uns ne travaillent qu'en plâtre, les autres emploient le mortier et la terre.

Pour être bon Maçon, il faut savoir la manière de bien gâcher le plâtre, de faire éteindre la chaux à propos, de choisir un bon sable et de les bien incorporer ensemble.

Les principaux outils dont ils se servent sont le marteau, la truelle, l'équerre, et le compas.

N **NATTIER.**

Ouvrier qui fait des nattes.

Les nattes sont des espèces de tissus de paille, de

jonc, de roseau, ou de quelques autres plantes ou écorces faciles à se plier et à s'entrelacer.

La paille dont on fait certaines nattes doit être longue et fraîche ; on la mouille, et ensuite on la bat sur une pierre avec un pesant maillet de bois à long manche, pour l'écraser et l'aplatir.

Les nattes servent à couvrir les murailles et les planchers des maisons ; on en fait aussi des chaises, des paillassons, etc.

Les nattes de jonc, du

moins les fines, viennent du Levant.

Les outils et instruments des Nattiers en paille sont la pierre et le maillet; le tréteau avec ses clous, pour tracer la natte, c'est-à-dire, pour en faire les cordons; les tringles avec leurs clous, pour bâtir et ourdir les cordons, et l'aiguille, pour les coudre et les joindre.

O **OISELEUR.**

On nomme Oiseleur ou Oiselier celui qui va chasser et tendre des piéges ou des filets aux petits oiseaux, qui les élève et qui en fait trafic. C'est aussi l'Oiseleur qui fait les cages, les volières et les cabanes, de fil de laiton ou de fer, pour les renfermer et les faire couver ; il fait aussi les trébuchets pour les prendre, et les divers filets servant à cette chasse.

Les Oiseleurs vendent aussi des tourterelles, des pigeons, des perroquets et perruches, des écureuils et autres petits animaux.

On prend les petits oiseaux avec de la glu, et les alouettes avec des filets.

P PÊCHEUR.

Celui qui fait son métier de pêcher ou de prendre le poisson.

Les uns habitent les bords des rivières et des fleuves, où ils s'attachent à la pêche des poissons d'eau douce; les autres établissent leur demeure près de la mer, où leur occupation est la pêche du poisson de mer.

Les principaux instruments et filets dont se servent les pêcheurs sont les lignes, les seines, les tramails, les nasses, les éperviers, etc.

On emploie diverses sortes d'appâts pour amorcer le poisson.

De tous les appâts, ceux qu'on préfère pour la pêche à la ligne, qui est un espèce d'amusement, ce sont les insectes, les vers de terre et la chair crue, etc.

La pêche en mer demande des soins et des préparations autres que pour celle qui se fait dans les rivières et les fleuves.

Q **QUINCAILLIER.**

On appelle ainsi celui qui fabrique ou vend une infinité d'espèces différentes de marchandises d'acier, de fer et de cuivre orné, qui font partie du commerce de la quincaillerie. Les principales de ces marchandises sont des couteaux, des ciseaux, des rasoirs, des canifs, des tire-bouchons, des tabatières de buis ou de carton, etc., etc., et même des joujoux d'enfants, des marchandises de taillanderie, et de menus ouvrages de serrurerie, etc., etc.

R **RELIEUR.**

Celui qui relie les livres. Relier un livre, c'est coudre

ensemble les cahiers d'un livre, et leur mettre une couverture composée de carton, recouverte d'un parchemin, ou de peau de mouton, de veau ou de maroquin, etc.

Les outils ou instruments du Relieur sont en grand nombre. Les principaux sont le plioir, le marteau à battre et sa pierre, le cousoir, l'aiguille, le poinçon, diverses sortes de ciseaux, des fers pour dorer, des compas, la presse pour rogner, la grande presse, des pinces, des pinceaux des grattoirs, etc., etc.

www.ingramcontent.com/pod-product-compliance
Lightning Source LLC
Chambersburg PA
CBHW061519040426
42450CB00008B/1696